I 8
K.206

APPEL
EN FAVEUR D'ALGER
ET DE
L'AFRIQUE DU NORD,

PAR UN ANGLAIS.

> « Trop long-tems la politique n'a été qu'une science d'artifice soutenue d'intervalle en intervalle par la violence. Il faut que la révolution de juillet donne d'autres exemples. Il faut qu'elle soit l'ère d'une politique nouvelle, et que l'histoire dise qu'elle a enfin inauguré dans le monde la politique du bon droit... »
>
> « La chrétienté est-elle seule en travail, et doit-elle tout absorber? NON. »
>
> DE RÉMUSAT,
> *Discours à la Chambre des Députés,* 18 mai 1833.

PARIS.

DONDEY-DUPRÉ PÈRE ET FILS, IMPR.-LIBR.
RUE RICHELIEU, N° 47 *bis*,

A LA LIBRAIRIE ANGLAISE DE A. ET W. GALIGNANI,
Rue Vivienne, N° 18.

ET A LA LIBRAIRIE DES ÉTRANGERS,
Rue Neuve-Saint-Augustin, N° 55.

—

1833.

PARIS. — IMPRIMERIE DE DONDEY-DUPRÉ,
Rue Saint-Louis, N° 46, au Marais.

APPEL
EN FAVEUR D'ALGER
ET DE
L'AFRIQUE DU NORD.

En 1830, des hommes de divers partis en Angleterre (A) espéraient que l'expédition contre Alger pourrait avoir des suites heureuses ; que l'administration française de ce pays serait avantageuse pour l'Afrique, et que par conséquent, dans l'intérêt de l'Afrique elle-même, cette administration serait permanente. Ces écrivains avaient tort, et il sera donc permis à un Anglais, qui partageait ces espérances, d'exprimer, en 1833, une opinion également franche contre la politique qui pèse aujourd'hui sur Alger.

Après que le but de l'expédition française eut été atteint, la possession permanente du pays, par aucune nation européenne, n'était admissible que par rapport aux vrais intérêts des Africains (B) ; et trois ans d'une fâcheuse expérience ont multiplié les preuves que cette possession ne peut devenir utile ni pour l'Afrique, ni pour les Européens.

Jamais on n'a contesté à la France la gloire d'avoir réussi dans une expédition où tant d'armées ont autrefois échoué. Le manifeste contre le dey d'Alger trouvait dans ce grand succès un entier accomplissement du but déclaré de la guerre. Et les vainqueurs ont joui en juillet 1830 du rare bonheur de s'être remboursé les frais de l'expédition, par les trésors pris aux vaincus. En outre, pendant trois ans la France a été en pleine liberté de diriger tous ses efforts, d'utiliser sa possession d'Alger pour son propre intérêt et pour le bonheur de l'Afrique. La gloire du premier succès aurait dû être un premier pas vers une gloire plus permanente : la gloire d'améliorer la condition des tribus. Mais il faut avouer qu'au lieu d'avoir fait du bien en Afrique, depuis juillet 1830, la France n'y a fait que créer de nouvelles inimitiés. Il faut revenir à un point de départ désigné par la bonne foi, et que nous allons démontrer comme une position éminemment avantageuse pour la France. Le général Bourmont (D), le premier, a commencé à quitter le bon chemin à l'égard d'Alger ; et ce n'est pas un exemple à suivre.

Des événemens que personne ne peut réprimer, semblent préparer un meilleur avenir pour l'Afrique du Nord, sans faire tort à aucune nation. Certes, les jalousies nationales, même partielles, ne doivent pas être entendues dans cette question ; et si le misérable esprit de parti, parmi les torys en Angleterre, veut exploiter les difficultés (créées sans doute par les erreurs fâcheuses de l'administration française à Alger), c'est aux hommes sages et de bonne foi d'en tirer des fruits plus loyaux. Si le droit qu'a la France de posséder Alger a été mis en doute par lord Aberdeen, d'une manière machiavélique, il est du devoir des honnêtes gens de finir la discussion *en rétablissant les droits des* naturels *du pays* d'une manière honorable. Personne ne peut sans honte contester ces droits. Nous leur donnons pour base le document qu'on va lire.

AUX COULOUGLIS,

FILS DES TURCS ET DES ARABES

QUI HABITENT LA RÉGENCE D'ALGER.

« Nous, les Français, vos amis, partons pour Alger. Nous allons en chasser les Turcs, vos tyrans, qui vous persécutent, qui vous volent vos biens et les produits de vos terres, et qui ne cessent de menacer vos vies. *Nous ne conquérons pas la ville pour en demeurer les maîtres.* Nous le jurons par notre sang. *Soyez unis à nous, soyez dignes de notre protection, et vous régnerez, comme autrefois, dans votre pays, maîtres indépendans de votre sol natal.*

Les Français agiront avec vous comme ils agissaient il y a trente ans, avec vos frères bien aimés les Égyptiens, qui, depuis notre départ, n'ont cessé de nous regretter; et qui même envoient leurs enfans en France pour être instruits dans la lecture, l'écriture et tous autres enseignemens ou arts quelconques. Nous nous engageons à respecter vos trésors, vos propriétés et votre sainte religion; car notre roi, qui est le bienfaiteur de notre heureuse contrée, protège toutes les religions. Que si vous vous défiez de nos paroles et de la force de nos armes, retirez-vous, et laissez le champ libre à nos bataillons : mais ne vous joignez pas aux Turcs, vos ennemis et les nôtres. Restez en paix, les Français n'ont pas besoin d'auxiliaires pour battre et chasser les Turcs. Nous sommes vos amis sincères, et nous le serons toujours : Venez à nous, vous nous ferez plaisir, et notre amitié vous sera avantageuse. Si vous nous apportez des vivres, des fourrages, des bœufs et des moutons, nous vous les paierons aux prix courans des marchés. Si vous craignez nos armes, indiquez une place où nos soldats puissent aller sans armes et vous prouver leur bonne foi, en vous remettant leur argent en échange des provisions que vous leur fournirez. Par ce moyen, votre confiance nous sera acquise, et nous vivrons en paix, pour votre bonheur et pour le nôtre. »

Cette proclamation était distribuée par le consul français à Tunis; et, d'après le *Moniteur* du 25 mai 1830, « elle produisait le meilleur effet, principa-
» lement sur les chefs des tribus. » On peut juger de cet effet par un autre article publié dans le *Moniteur* du 4 juillet 1830.

« *Le camp de Sidi-Ferruch*, 12 *juin*. Notre camp
» a pris depuis plusieurs jours un aspect tout afri-
» cain. Les Arabes y viennent souvent en amis. Un
» de leurs parlementaires vient chaque matin voir
» un fils blessé. Il retourne ensuite chez lui, em-
» portant des *proclamations* en langue arabe, qu'il
» répand dans le pays. Chaque matin on en place
» un grand nombre au bout des piques, et les Be-
» douins viennent les prendre. *Ils savent déjà que ce*
» *n'est pas à eux qu'on en veut*, et que leur intérêt est
» de vivre en paix avec l'armée. » Dans la *Quotidienne* du 1er juillet, on en trouve une lettre (datée 18 juin, Torre-Chica) déclarant qu'un grand nombre de ces proclamations était distribué, et qu'après une longue entrevue avec le général Bourmont, les quatre fils d'un chef se sont montrés fort disposés à abandonner les Turcs; et le 22 juin, le général écrivit au président du conseil, qu'il paraissait que la plupart des Arabes s'étaient éloignés.

Cette proclamation était donc accueillie avec empressement. Elle est conséquemment un titre positif sur lequel nous demandons pour les tribus liées avec Alger, l'*indépendance qu'elle garantit*, chose que des autres raisons recommandent comme nécessaire pour la régénération de l'Afrique du Nord, depuis que la France, en trois ans d'expérience, ne fait qu'aliéner les tribus par ses essais de colonisation.

L'opinion publique a déjà prononcé sur l'oubli total des droits que cette proclamation reconnaît;

et l'histoire décidera si cet oubli peut durer, sans écraser d'une effrayante responsabilité, et les rois, et les ministres, et les peuples, qui commandent, qui exécutent, ou qui permettent de pareilles choses.

A cet égard, nous demandons justice pour beaucoup plus que deux millions d'ames ; et c'est surtout à la France et à l'Angleterre que nous adressons cet appel.

Nous avons dit que lors de la prise d'Alger, des hommes de bonne foi ont espéré qu'il y aurait de l'avantage pour ce pays à rester en la possession de la France. Du moment que cette espérance est déchue, la France a contracté une plus grande obligation envers l'Afrique, qu'il faut satisfaire. Nous prétendons démontrer que nulle satisfaction ne peut être faite hors des termes de la proclamation.

Le peuple dont nous plaidons la cause a volontairement accepté les conditions de cette proclamation ; et confiant dans les promesses dont elle était le gage, il a facilité la défaite des Turcs, ses maîtres. Mais la France a manqué à sa parole, substituant toutes les espèces d'oppression aux bienfaits qu'elle avait juré d'apporter à ses alliés. Les fruits de cette nouvelle tyrannie sont trop bien connus. Perte énorme pour la France, en hommes et en argent : crimes horribles contre la vie, les propriétés et la religion du peuple opprimé ; dépopulation du pays ; guerre continuelle. Et d'après toute expérience, la France ne pourra pousser plus loin cette conquête sans commettre plus de crimes encore et de plus grands crimes, ni sans de grands dangers pour elle-même. Cessant d'être juste, elle a cessé d'être heureuse. Sa victoire de 1830 ne saurait lui donner de véritable gloire, si elle n'abandonne pas un chemin qui n'a conduit et ne conduira qu'au déshonneur.

La France a déjà dépensé plus de quatre-vingts millions à Alger; et avec une pareille somme et une armée de vingt mille soldats, aussi braves qu'elle en eut jamais, elle est bloquée dans trois villes, après avoir, en 1830, occupé un territoire plus étendu que la Belgique.

De nouveaux plans n'en sont pas moins proposés tous les jours pour enrichir la France aux dépens d'Alger. Sans les passer ici tous en revue, nous rappellerons le projet d'*extermination* (E), proposé contre les millions d'hommes à qui le pays appartient d'aussi bon droit que Paris appartient aux Français; nous réprouverons avec plus de force encore l'idée, trop bien suivie jusqu'ici, de verser sur cette contrée de misérables aventuriers, et les émigrés malheureux de tous les pays (F) de l'Europe. Mais c'est le troisième projet qu'il faut rejeter par-dessus tout avec horreur, ce projet, appuyé sur ce qu'on appelle l'expérience heureuse des Anglais à Botany-Bay, celui de faire d'Alger une colonie pénale (G).

Nous réclamons au contraire, pour les Africains

du Nord, l'*indépendance* dans le vrai sens de ce mot et telle que l'annonce la proclamation; et pour l'établir, nous demandons que les naturels du pays soient appelés à déclarer, à la face de l'Europe, leurs opinions sur la forme de gouvernement la plus convenable. C'est à eux qu'il appartient de déterminer cette forme : c'est à l'Europe et principalement à la France à les soutenir avec sagesse et honneur.

La France doit devenir l'amie de l'Afrique *libre*. Juste protectrice des Africains du Nord, elle ne rencontrera jamais que respect. Si la reconnaissance est une vertu rare parmi les nations, les *besoins* croissans d'Alger libre seront pour la France une vraie source de profits. En retour des bienfaits promis en 1830, outre les services déjà rendus à la France, les Africains lui offrent du moins la paix. Si elle continue à les opprimer, elle verra qu'ils ont des épées pour une bataille désespérée aux portes des trois villes qu'elle occupe; et le désert et les montagnes sont là qui leur assurent une retraite dans les revers. Mais un bon effet d'un retour à la justice sera, que les Européens qui ont acquis avec juste titre des propriétés à Alger, jouiront de leurs terres et de leurs maisons en sûreté; et que les liens ainsi commencés entre les hommes des diverses religions, seront des moyens de civilisation avantageux à tous. Établir cette sûreté par des conventions sages avec le gouvernement indépendant d'Alger libérée, serait un des plus beaux monumens de la législation *internationale* qu'on pût concevoir, et l'Europe, et principalement la France, en tirerait des avantages réels et permanens.

La jalousie actuelle d'un parti en Angleterre est injuste ; et ce parti ne peut reprendre l'avantage, en reprochant à la Franc sa déloyauté à l'égard d'Alger.

Il ne faut pas laisser oublier à l'Angleterre que les vexations imposées aux peuples de l'Afrique du Nord ne sont qu'une répétition de celles qu'elle exerce sur ceux de l'Afrique du Sud. Les torrens de sang africain versés sans provocation dans la Cafrerie en 1828 (H); les actes d'arbitraire qui sont restés jusqu'à ce moment sans réparation sur les frontières du cap de Bonne-Espérance ; les massacres de sang-froid commis dans l'Australie en 1826 (I), au mépris de toutes les lois, imposent trop éloquemment silence au gouvernement anglais.

Il faut avouer que tous les gouvernemens forts ont toujours également manqué à l'humanité dans leur conduite à l'égard des races plus faibles : il leur reste à tous à racheter le passé par un changement absolu de principes et de manière d'agir. Dans cette vue l'Angleterre, en demandant justice pour Alger, peut aider les musulmans, anciens conquérans et civilisateurs de l'Espagne, à reprendre une partie de leur première gloire, leur esprit de tolérance (K), leur savoir et leur habileté dans presque tous les arts de la paix. Dans ce but, l'Angleterre a le droit de rappeler au souvenir de tous les premiers engagemens de la France envers l'Afrique et l'Europe. Une pareille intervention tendra directement à la civilisation de tout le nord de l'Afrique. Mais pour être entendue, il faut que l'Angleterre soit sincère ; et c'est seulement en réparant ses propres erreurs qu'elle peut prouver sa sincérité. C'est en corrigeant les vices de son administration consulaire dans la Méditerranée (L) ; c'est en réprimant ses horribles excès dans les colonies, que l'Angleterre peut justifier la haute mission de proclamer la liberté civile et religieuse en tous pays. La réforme qui s'introduit chez elle, et qui est due à la révolution de 1830, fait espérer que le jour approche où cette mission lui sera permise, et la révolution de juillet demande qu'elle sera partagée par la France, ou au moins que les intrigues et la corruption qui ont trop souvent déshonoré la politique et l'administration de tous les pays cesseront.

Si ces vues sont adoptées par la France et par l'Angleterre, les autres nations de l'Europe, de l'Amérique et de l'Asie pourraient sans risque abandonner à leur décision la question qui nous occupe. Si un pays quelconque s'oppose à ces principes, la France et l'Angleterre unies, seront, à juste titre, les vengeurs déclarés d'une des plus belles causes.

Mais pour obtenir quelque influence honorable sur les volontés libres des musulmans, ou pour entrer dans des relations vraiment utiles avec l'Afrique, il est éminemment nécessaire que les états chrétiens prennent des mesures dont la justice et l'importance frapperont les esprits d'une manière irrésistible.

Des siècles d'inimitiés, l'effet des croisades dans l'Orient, les persécutions affreuses des Maures par les Espagnols, la politique de toutes les nations chrétiennes, depuis le Gange jusqu'aux bords du Niger, ont laissé dans l'opinion musulmane une pensée amère, que des mesures bienveillantes, suivies et vastes, peuvent seules adoucir. L'expérience nous a donné des preuves qu'une réforme de cette sorte ne manquera pas de succès. La haine la plus amère entre des nations disparaît toujours quand la mauvaise politique est abolie. Nous avons cent preuves surtout dans l'histoire des Indes et des colonies, que les peuples moins civilisés désirent les relations amicales avec les chrétiens, et que ce n'est que par les voies les plus atroces que nous les avons si souvent aliénés.

Les Africains, donc, accepteront facilement une civilisation plus avancée, comme ils ont reçu des conquérans arabes instruits, il y a mille ans, les divers perfectionnemens de la vie sociale qu'ils ont depuis perdus sous la tyrannie. Ils ont sans doute quelque chose à donner à l'Europe en retour. Traités avec le respect convenable par l'Europe, ils reconnaîtront librement sa supériorité actuelle et chercheront avidement à profiter de son exemple;

d'après lequel ils peuvent faire beaucoup pour les tribus moins civilisées de l'Afrique.

Par leur intermédiaire, le monde civilisé verra passer ses lumières et ses meilleurs principes parmi les millions d'ames qui habitent le centre et le sud de l'Afrique. Les musulmans y ont déjà aboli l'idolâtrie et les sacrifices humains ; et il ne manque pas de gens sages parmi eux qui professent que faire du bien à tous est le devoir de l'homme. Ils sont capables d'apprécier les grandes leçons que l'histoire moderne donne aux hommes. D'une part, Haïti leur a montré comment des nègres peuvent devenir des hommes d'état; d'autre part, la Libérie (un des plus beaux œuvres des États-Unis) prouve que les nègres sont capables d'être libres et civilisés.

L'esclavage, parmi les musulmans, est tout-à-fait une autre chose que l'esclavage des Antilles, et on peut espérer qu'il disparaîtra aussi.

Mais les Africains du Nord n'ont pas oublié le courage de leurs ancêtres ; et deux années d'heureuse résistance à une brave armée française ont redoublé leur juste confiance dans leur propre force. La renommée des anciens réformateurs (M) de leur race, les encouragera sans doute dans une carrière de réforme qui n'a d'autres bornes que les besoins et l'expérience des tems modernes. Mais ce doit être une réforme spontanée et non pas imposée par une cruelle autorité. Attaqués dans leur indépendance, ils ne se rendront pas et ne doivent pas se rendre sans disputer chèrement la victoire. Ils sont nombreux, hardis et habiles. Ils possèdent et fabriquent l'acier et la poudre. D'après les preuves qu'ils ont données aux Français de leur puissance et de leur activité, une agression nouvelle fera compter à la France des revers et des châtimens nouveaux. S'ils ont commis de grandes fautes dans leurs relations avec l'Europe, ils ont reçu récemment de grandes leçons. S'ils ont eu trop de confiance lorsqu'ils devaient se défier de nous, ils sont à présent un peu mieux sur leurs gardes, et n'en sont que plus dangereux. S'ils se sont reposés sur la force de leurs épées, dans leurs hostilités continuelles avec les chrétiens, ces hostilités ont été trop souvent provoquées par les chrétiens eux-mêmes ; et les Africains, tant calomniés, montreront à l'avenir qu'une pareille guerre n'est pas un point essentiel de leur foi. Mais c'est aux chrétiens, en abandonnant leurs préjugés (O), de commencer la nouvelle carrière de la justice envers les musulmans ; et cet avenir sera heureux. De grands changemens (R) ont déjà eu lieu dans les relations des chrétiens et des musulmans ; et, dans le moment actuel, une politique saine pourrait améliorer le sort de ces derniers d'une manière vraiment merveilleuse.

Il y aurait donc autant de prudence que d'équité de la part du gouvernement français à persuader à ces peuples qu'il y a d'autres victoires que celles de la guerre. L'Europe ne manque pas d'hommes qui sachent distribuer en triomphe à l'univers la branche féconde de l'olivier, pendant que les conquérans vulgaires les plus heureux n'ont jamais pu faire de leur sanglant et stérile laurier que l'emblême d'une gloire passagère et funeste. C'est surtout dans l'Afrique du Nord que les opinions machiavéliques sont devenues fatales. Il faut à présent que la France se retourne vers les hommes plus hardis et plus pénétrans que ceux qui ont des idées trop exclusivement militaires. Il faut surtout que la France se repose sur la magnanimité pour échapper aux conséquences de sa fausse position.

De cette manière la France deviendra la protectrice de l'Afrique. De cette manière elle trouvera les moyens sûrs de remplir de sa part les conditions de la proclamation de 1830, qui, comme on a vu, gagna l'appui des naturels en leur *promettant* « L'ANCIENNE INDÉPENDANCE DE LEUR PAYS. »

La mission de l'Europe civilisatrice est entravée, sans doute, par d'immenses difficultés. Mais les difficultés ne font jamais que redoubler le courage et multiplier les ressources des hommes dignes de leur mission. La politique destructive que l'Europe a trop poursuivie jusqu'ici, n'est pas toujours sans embarras. Au moins, conserver la bonne foi, qui est un point capital dans les affaires, est à la portée de tous; et de nos jours, le premier pas vers la bonne foi, c'est de repousser avec dédain le mensonge politique. Pour accomplir cela, il faut au plutôt possible, épurer les bureaux d'état, et la diplomatie, de cette profonde immoralité encore trop commune. Et nulle correction n'aura plus d'effet en Afrique, que l'exemple d'une grande nation comme la France de juillet revenant sur ses pas, et se fondant sur ses engagemens irrécusables, en faveur d'une nation moins puissante.

Et, dans l'intérêt de l'humanité, nous réclamons en faveur des peuples moins puissans, que ceux qui sont forts corrigeront les vices de leurs administrations, et surtout qu'ils exécuteront leurs engagemens favorablement, ou du moins avec justice envers les faibles.

La France a sans doute raison, comme une nation jalouse de son honneur, de s'opposer à des demandes insultantes que les puissances *européennes* ont DERNIÈREMENT soulevées pour lui disputer la *colonie* d'Alger. Notre réclamation se repose sur un autre titre, les droits des naturels du pays, garantis par des actes publics de la France, ses proclamations et ses capitulations. Ceux qui le plus vivement soutiennent *l'honneur* de la France dans cette question, avouent qu'une « colonie » à Alger sera « long-tems encore onéreuse (N). » Nous prétendons substituer à la place de telles dépenses un commerce avantageux, et des émigrations qu'un gouvernement indépendant à Alger recevra de bon gré. Cette solution des difficultés qui dans ce moment accablent la France de tous côtés, à l'égard de l'Afrique du

Nord, paraît concilier ses intérêts avec l'honneur ; et en l'adoptant, la France ajoutera dans ses relations avec Alger, à la gloire de juillet 1830, un avenir sans reproche.

La commission de la Chambre des députés, sur le budget du ministère de la guerre, pour l'année 1834, a envisagé la question de la colonisation d'Alger d'une manière très-éclairée. Nous espérons que l'enquête qu'elle réclame aura lieu ; et que les intérêts des habitans musulmans du pays n'y seront jamais négligés.

« L'intérêt du pays le réclame, que, d'ici à la
» session prochaine, une enquête ferme et sérieuse
» soit faite sur la situation d'Alger ; que le soin en
» soit commis à des hommes assez éclairés pour ne
» pas céder aux entraînemens de l'orgueil national,
» assez prudens, assez expérimentés pour apprécier
» à sa juste valeur un de ces agrandissemens terri-
» toriaux dont les avantages apparens font si sou-
» vent illusion aux meilleurs esprits, et les ques-
» tions encore flottantes trouveront la lumière qui
» leur manque. Jusqu'ici, tout a été sacrifié de la
» part de la France. Il est tems qu'elle sache à
» quels dédommagemens elle doit s'attendre. Il faut
» qu'elle apprenne enfin si elle sème pour recueil-
» lir, ou si elle ne paie à haut prix que la vaine
» satisfaction d'arborer son drapeau sur une terre
» étrangère. »

M. PASSY, rapporteur. — *Moniteur* du 29 mai 1833, p. 1507.

PIÈCES JUSTIFICATIVES.

(A), page 3. « En 1830, des hommes de divers partis en Angleterre, etc., etc. »

« Une certaine jalousie semble exister en Angleterre, par
» suite de l'idée que l'expédition française contre Alger, amé-
» nera la colonisation de l'Afrique septentrionale par les
» Français. Nous espérons que l'alarme excitée à ce sujet ne
» fera pas tout-à-fait abandonner les avantages que le monde
» civilisé peut recueillir de l'expédition envoyée contre Alger.
» Nous sommes convaincus qu'un arrangement équitable ten-
» drait à assurer à l'Europe, collectivement, le bienfait de la
» civilisation de l'Afrique Septentrionale, s'il n'est pas rendu
» impraticable par les jalousies des autres gouvernemens, et
» que cet arrangement ne serait pas entravé par l'ambition
» de la France. »

(*Moniteur*, 24 mai 1830, p. 565, citation du *Globe* et *Traveller*, journal anglais, alors de l'opposition.)

Les mêmes sentimens étaient dans le tems, extraits, par le *Moniteur*, du *Courrier*, journal anglais ministériel; et immédiatement après la prise d'Alger, un écrivain anglais, sous le titre de *Philafris*, a soutenu les mêmes opinions en faveur de la France et de l'Afrique.

En 1830 et 1831, des revues anglaises, surtout une revue publiée sous les auspices du vrai patriote et philantrope, Campbell, soutenaient les mêmes opinions, se fondant sur les ouvrages de Sismondi et Cazes. Et le discours de M. le maréchal Clausel, le 21 mars 1832, à la chambre des Députés, dans le même sens.

(B), page 4. « Vrais intérêts des Africains. »

« C'est dans l'intérêt et les affections des populations arabes,
» que nous devons chercher les ressorts nécessaires pour at-
» teindre ce résultat, la colonisation du territoire d'Alger. »

(*Lettre de M. le maréchal Gérard*, du 17 novembre 1830.
— *Moniteur*, 9 mars 1833, p. 647.)

(C), page 4. « Le but déclaré de la guerre. »

« Venger la dignité de la couronne, délivrer la France et
» l'Europe du triple fléau, l'esclavage de leurs sujets, les
» tributs, et la piraterie. »

(*Manifeste de Charles X*. — *Moniteur* du 20 avril 1830,
page 435.)

(D), page 4. « M. le général Bourmont. »

Selon la *Quotidienne* du 11 mai 1830, M. de Bourmont
déclarait : « Une fois maîtres d'Alger, nous saurons nous y
» maintenir. » Et dans le *Moniteur* du 17 mai 1830, on
trouve la citation suivante : « On lit dans le *Times* du 14, le
» gouvernement français a désavoué le discours prêté à M. de
» Bourmont, dans lequel ce ministre aurait parlé d'un projet
» de colonisation à Alger. » Cependant, en juillet 1830, ce
même M. de Bourmont écrivit : « Alger est à nous, et occupé
» de manière à ce que nous le garderons long-tems envers et
» contre tous. » (*Moniteur*, 9 mars 1833, p. 647.)

(E), page 9. « Extermination. »

« Souvenez-vous que, dans de nombreux écrits, on disait
» qu'on ne pouvait, à Alger, succéder aux Turcs avec sûreté
» qu'en gouvernant comme eux; qu'il était impossible de
» civiliser les Arabes, et qu'on ne pouvait les maintenir en

» paix que par la terreur, et qu'enfin la colonisation ne serait
» praticable que lorsque le pays serait entièrement évacué par
» les indigènes. Voilà, messieurs, les opinions qui ont in-
» duit en erreur le gouvernement. »

(M. Gaëtan de la Rochefoucauld. — Chambre des Députés,
8 mars 1833. — Le Moniteur 9 mars 1833, p. 647.)

« Les uns voudraient ce qu'ils appellent *balayer le sol*,
» chasser, ou exterminer les habitans, pour les remplacer par
» des populations européennes. »

(M. DE LA BORDE, *ib*. p. 648.)

(F), page 10. « Aventuriers, etc. »

Discours de M. le président Soult et de M. G. de la Rochefoucauld, dans la Chambre des Députés, 8 mars 1833 (*Moniteur*, p. 648.) *Mémoires sur Alger*, par M. Aynard de la-Tour-du-Pin (*Revue Encyclopédique*, novembre 1832, p. 360), et M. Pichon, *passim*.

(G), page 10. « Colonies pénales. »

M. de Blosseville (p. 453) et d'autres auteurs français sont d'opinion que les colonies pénales des Anglais produisent une réformation complette et de bonnes mœurs dans les forçats. La base de cette opinion c'est l'absence supposée des crimes et la bonne conduite supposée des mères de famille qui étaient autrefois prostituées. La réponse est simple. Les crimes, à Botany-Bay, sont dix fois plus nombreux et plus graves que dans tout autre pays. Les preuves pour soutenir cette réponse se trouvent dans les documens parlementaires des Anglais et particulièrement dans les débats de Hansard, de l'an 1832, p. 1094. En ce qui concerne les mères de famille, les faits sont plus affreux. Les viols des enfans de quatorze ans et au-dessous sont très-fréquens, et dans une population de

45,000 ames, où les hommes étaient quatre fois plus nombreux que les femmes, en 1829 (et où conséquemment le besoin des femmes était grand), plus de 600 femmes se trouvaient emprisonnées; et une loi, unique dans l'histoire de la législation, devenait nécessaire pour punir les maris qui refusaient de recevoir celles dont le tems d'emprisonnement fut passé.

(H), page 11. « Les torrens de sang africain. »

Les détails de ces horreurs se trouvent dans un ouvrage Anglais intitulé « *Humane Policy* », dans les colonies européennes, par M. Bannister, ancien magistrat colonial, publié à Londres en 1830, p. 156.

(I), page 11. « Australie en 1826. »

Les détails de ces horreurs sont déposés auprès du ministère anglais, et on attend que le gouverneur de la colonie où elles ont eu lieu sera bientôt mis en accusation pour les avoir encouragé.

(K), page 12. « Tolérance. »

« De tous les peuples conquérans, les Arabes furent sans » contredit les moins exigeans comme les moins cruels. »

(VIARDOT, *Histoire des Arabes*, vol. 2, p. 270.)

« Par vertu des capitulations que les premiers chefs arabes » avaient accordées aux chrétiens (d'Espagne), et qui furent » toujours observées fidèlement, ils avaient conservé leur re-» ligion et son libre exercice. »   (*Ib.*, p. 70.)

« Cette excessive tolérance avait rendu plus facile et plus » prompt le rapprochement des deux peuples. Les mariages » étaient très-communs entre les chrétiens et les musulmans. »

(*Ib.*, p. 73.)

Au même sujet on peut consulter avec succès le même auteur, p. 22, vol. 1, et M. Pichon, l'intendant civil d'Alger en 1832, nous assure que la religion chrétienne y a toujours été tolérée (*Alger*, par M. Pichon, 1833, p. 128.) Des anciens traités justifient cette liberté.

Tout honnête homme doit comparer ces faits avec la conduite des gouvernemens chrétiens envers les musulmans, depuis le quatorzième siècle jusqu'à 1833.

« L'intolérance des musulmans d'aujourd'hui peut être tra-
» cée aux croisades du moyen-âge, et aux persécutions hor-
» ribles des Maures en Espagne, dans le quinzième, le seizième
» et le dix-septième siècle. La capitulation accordée à Grenade
» par les rois catholiques, mettait les musulmans d'Espagne, de-
» venus sujets des chrétiens, précisément dans la position où
» les capitulations, lors de la première conquête, avaient mis
» les Goths et les Ibères chrétiens, devenus sujets des musul-
» mans. Mais le fanatisme des Espagnols ne permettait point,
» comme la tolérance des Arabes, que ces concessions fussent
» religieusement accomplies. Après des cruautés inouies pen-
» dant un siècle, il ne restait pas en 1620 un musulman en
» Espagne. Les survivans portaient naturellement en Afrique
» et en Asie le désir de vengeance. »

(VIARDOT, *Histoire des Arabes*, vol. 2, p. 2, 38.)

De nos jours, la justice et la tolérance des chrétiens ne sont plus remarquables. « Des soldats Français (selon ce qui a été
» déclaré dans la Chambre des Députés) ont été employés à
» piller un de ses temples afin d'en rapporter les dépouilles à
» Alger. Voilà comment on a respecté, malgré la capitula-
» tion, les propriétés et la religion.

» Je dois ajouter à ce sujet que le rapport officiel présenté
» par l'aga au gouvernement français est un des monumens
» les plus curieux. Il contient les plaintes des habitans, et,
» en vérité, il n'y en eut jamais de plus fondées et de plus
» respectables ; il demande :

» Art. 1. Qu'on rende aux habitans leurs mosquées, et les
» caisses des aumônes qui en dépendaient, dont on s'est em-
» paré, et qui servaient à donner pendant l'hiver des secours
» aux indigens.

» Art. 2. Qu'on ne détruise plus les tombeaux dont on a
» enlevé les marbres qu'on a vendus, en jetant sur la terre
» les ossemens de leurs pères, profanation horrible dans leur
» religion comme dans la nôtre.

» Vous voyez, messieurs, que je me rends ici l'interprète
» des plaintes les plus justes et des réclamations les mieux
» fondées. Je dirai même qu'il paraît certain qu'on a supprimé
» violemment à Oran la totalité des mosquées sans y laisser
» établir aucune espèce de culte, et qu'à Alger on a détruit
» un grand nombre de mosquées, et on en a converti une en
» église catholique, afin d'y rendre ce culte exclusif et in-
» tolérant, tel qu'il était en France sous la restauration ; car,
» tandis que le général en chef blessait si profondément la
» religion du pays, d'une part il avait raison d'accueillir avec
» faveur deux jeunes missionnaires de Rome ; mais d'une autre
» part, il avait le plus grand tort de repousser et d'interdire
» les missionnaires protestans, à qui il ne voulut pas permettre
» le séjour à Alger. Ce n'est pas ainsi que nous entendons au-
» jourd'ui la liberté des cultes. »

(Discours de M. G. de la Rochefoucauld, Chambre des
Députés, 4 avril 1833, *Moniteur*, p. 962.)

M. de Rigny, le ministre de la Marine, a répondu de cette
manière à l'accusation.

« M. de la Rochefoucauld a adressé plusieurs reproches à
» l'administration d'Alger, et entre autres celui d'avoir sup-
» primé toutes les mosquées. Messieurs, il existe, je crois, à
» Alger 50 à 60 mosquées. Je comprends très-bien qu'en se
» présentant dans un pays nouveau, au milieu de populations
» dominées par un fanatisme religieux, il fallait éviter toute

» mesure qui tendît à exciter davantage ce fanatisme. Il m'a
» semblé résulter de ce qu'a dit l'honorable membre qu'une
» mesure de ce genre aurait été prise. Messieurs, une de ces
» mosquées a été transformée en église catholique, trois ont
» été nécessaires pour un service militaire ; les autres n'ont
» pas changé de destination. L'honorable membre a dit qu'à
» Oran il n'en existait pas une ; je crois pouvoir le rassurer à
» cet égard : toutes n'ont pas été détruites. »

A cette défense, nous trouvons dans le même débat la réplique suivante de M. G. de la Rochefoucauld.

« Le soin consciencieux que je prends toujours de ne dire
» que des faits vrais à la chambre m'a fait éprouver un vif
» étonnement quand M. le Ministre a nié un fait que j'avais
» avancé, celui de l'occupation de quatre mosquées d'Oran.
» M. le Ministre a dit qu'elles subsistaient toutes. Sans doute,
» messieurs, mais remplies de fourrages et de grains formant
» des magasins militaires ; et cela est si vrai, que lorsqu'on
» s'était déjà emparé de trois de ces mosquées, le sous-in-
» tendant civil s'opposa autant qu'il put à l'occupation de
» la quatrième. J'ai donc dit un fait vrai et notoire. Mais il
» est vrai aussi que je viens d'apprendre de la bouche même
» de M. le Ministre, que M. le Ministre de la guerre vient
» d'ordonner de faire évacuer deux de ces mosquées et de les
» rendre à la religion du pays. Je suis heureux d'apprendre
» cette décision, qui prouve de nouveau la vérité de ce que
» j'ai dit. » (*Moniteur.*)

Toute la vérité sur ce point n'était pas déclarée dans la Chambre des Députés! Dans le *Sémaphore de Marseille*, du 2 mars 1833, on peut lire une lettre de M. Segaud, docteur en médecine, dont nous avons fait un extrait qui explique comment les sentimens religieux des musulmans ont été tenus en respect par les conquérans européens d'Alger.

Marseille, 1ᵉʳ mars 1833.

« J'ai appris par la voie publique que parmi les os qui
» servent à la fabrication du charbon animal, il s'en trouve
» qui appartiennent à l'espèce humaine. A bord de la bom-
» barde *la Bonne-Joséphine*, venant d'Alger et chargée d'os,
» j'ai reconnu plusieurs os faisant partie de la charpente hu-
» maine. J'y ai vu des *crânes*, des *cubitus* et des *fémurs* de la
» classe adulte, récemment déterrés et n'étant pas entière-
» ment privés des parties charnues. Une pareille chose ne de-
» vrait pas être tolérée..... En commandant au peuple plus de
» respect pour les morts, il montrerait peut-être moins de
» mépris pour les vivans. L'existence des raffineries de sucre
» de notre cité ne serait pas menacée par la répugnance que
» l'on commence à manifester de se servir d'une substance
» dans la confection de laquelle entre le corps humain.

» Enfin, la politique de notre colonie d'Alger serait plus
» efficace en nous rendant plus favorables ses ennemis, les
» Arabes et les Bedouins, qui, instruits qu'on leur enlève
» les ossemens de leurs pères, sont aujourd'hui dans un état
» de fanatisme religieux tel, qu'ils mettent en pièces et dé-
» vorent même quelquefois les Français faits prisonniers. »

(L), page 12.

Dans une réclamation vive, dernièrement publiée contre
la politique anglaise à Tripoli, on lit le passage suivant :

« L'anarchie, l'horrible anarchie existe donc parmi la po-
» pulation tripolitaine! toute communication interrompue
» entre les tribus et bientôt misère et famine! Déjà cette
» année il y a eu perte de la récolte de dattiers et l'oliviers,
» et les habitans des campagnes n'ont pu cultiver et ensemen-
» cer leurs terres. Hélas! Verra-t-on impunément une partie
» de la population de ce malheureux pays excitée à la guerre
» civile et à tous les excès? quoi! le peuple africain se verra

» forcé de se désaltérer dans le sang de ses frères? cela pour-
» rait-il être autre chose qu'un fiction horrible? Serait-ce vé-
» ritablement là une partie des œuvres du consul britannique
» à Tripoli?

» Nous vous le demandons, quelqu'un voudra-t-il croire
» que le gouvernement anglais a donné l'ordre à son consul
» d'agir de cette manière? Non! non! Mais ce gouvernement
» doit être trompé par les rapports de son agent. Alors, que
» l'on ouvre donc l'oreille aux plaintes, que l'on examine
» scrupuleusement leur véracité, car tous les faits et tous les
» griefs sus-mentionnés sont réels; il est nécessaire d'y porter
» remède; et lorsqu'un peuple entier demande justice, il faut
» qu'un tribunal s'élève, se forme et juge.

» Les Orientaux ont une opinion défavorable de la nation
» anglaise, et cela à cause des actes des agens de cette
» nation!! Que le cabinet anglais détrompe les esprits! qu'il
» répare les maux qui sont encore réparables. Que doréna-
» vant les petits états du Levant, de la barbarie ou de toute
» autre résidence n'éprouvent plus de vexations de la part
» des agens commerciaux et politiques des nations prépondé-
» rantes. Hommes forts! y a-t-il de la vertu à opprimer les
» faibles? Surtout plus d'apathie, plus d'insouciance cou-
» pable de la part des cabinets de l'Europe! »

L'injustice, plus que barbare, qu'a souffert le sidi Has-
suna D'Ghies par l'influence du gouvernement anglais à Tripoli, est incroyable. Les détails font rougir.

(M), page 15. « Réformateurs. »

« *Ocba* fut, de tous les émirs d'Espagne, celui qui dé-
» ploya la plus sévère justice, et fit le plus d'efforts pour ra-
» mener un peu d'ordre au milieu de la confusion qui s'ac-
» croissait chaque jour. Refusant toute espèce de dons, il
» punissait sans pitié les oppresseurs, quels que fussent leur
» rang et leurs richesses, et les opprimés n'invoquèrent jamais

» en vain sa protection pour leur défense, et sa justice pour
» la réparation de leurs griefs. C'est l'éloge que firent de lui
» les chrétiens eux-mêmes. Il signala les commencemens de
» son autorité en ordonnant une égale distribution des char-
» ges publiques, dans laquelle disparurent ces distinctions
» nées de la conquête, et devenues odieuses par leur origine
» autant qu'injustes par la succession des tems et la soumis-
» sion commune. Il établit, dans les villes et bourgs, des
» écoles publiques et des juges. Il créa un corps de kaschefs,
» espèce de maréchaussée, ou cavalerie permanente, desti-
» née à la poursuite des malfaiteurs. »

(VIARDOT, *Histoire des Arabes*, 1, p. 36.)

« Après la retraite d'Hischem III, le divan s'était assemblé
» pour lui donner un successeur. Comme-il ne restait plus
» aucun autre descendant d'Ommyah, le choix général se
» fixa sur le wazir *Gehwar Ben Muhamad*, homme d'une
» vertu rigide, et dont la conduite, toujours sage au milieu
» des circonstances les plus difficiles, lui avait mérité l'affec-
» tion du dernier monarque et le respect de tous les partis.
» Gehwar comprit sa position, et ne vit de salut, pour l'état
» et pour lui, que dans un remède extrême. A peine fut-il
» proclamé, qu'il appela au divan les principaux citoyens de
» Cordoue, et ne se réserva, de la toute-puissance atta-
» chée au califat, que la présidence de cette assemblée, en
» qui résida le gouvernement. Cette forme aristocratique,
» substituée au pouvoir absolu, lui fit trouver à-la-fois les
» deux moyens nécessaires pour se soutenir sur le trône : ce-
» lui de s'attacher tous les hommes influens par le partage de
» l'autorité, et celui de résister sans péril aux exigences que
» n'avaient pu satisfaire ses prédécesseurs. Il réduisit d'abord
» les énormes dépenses du palais, chassa l'armée de valets
» dont il était encombré, et proscrivit toute espèce de faste
» royal autour de sa personne. Il bannit les délateurs de la

» cour et des tribunaux ; nomma un petit nombre de procu-
» reurs, payés, comme les juges, pour suivre gratuitement
» les procès; assujétit les percepteurs des impôts à rendre
» chaque année leurs comptes devant le conseil souverain ;
» pourvut abondamment les greniers publics ; facilita l'arri-
» vée des provisions ; plaça des inspecteurs aux différens
» marchés pour surveiller les transactions commerciales, et
» rendit enfin la sûreté à la capitale, en faisant attacher des
» portes aux rues pour éloigner les malfaiteurs nocturnes, et
» *surtout en confiant la police intérieure aux citoyens eux-*
» *mêmes, auxquels on distribua des armes.* »

(*Ibidem*, vol. 1, p. 148.)

« *Youzef*, le fondateur de l'empire de Marocco et de la
» puissance des Maures en Espagne, avait toutes les qualités
» d'un homme réservé aux grandes destinées ; le corps ro-
» buste et l'ame indomptable, le maintien franc avec un es-
» prit vif et pénétrant, des mœurs austères ; une inaltérable
» équité, beaucoup de générosité pour les autres et de réserve
» pour lui-même, une grande valeur ; une prudence égale,
» enfin la dignité qui impose et l'affabilité qui séduit. Élu en
» 1062, il était, vingt ans après, maître de toute cette partie
» de l'Afrique comprise entre la côte de Nigritie et le rivage
» de l'ancienne Carthage. Il établit l'empire des Maures en
» Espagne, où les chrétiens de ses états conservèrent la si-
» tuation paisible dont ils avaient joui jusqu'alors. Il mou-
» rut à Maroc à l'âge de cent ans. Ce fut à une excessive
» tempérance qu'il dut sa longue et robuste vieillesse. *Il ne*
» *condamna jamais personne à mort.* Quoique chef des sau-
» vages peuplades de l'Atlas, Yousef avait pris des Arabes,
» leur goût pour les lettres et la société des savans. Il se fai-
» sait toujours accompagner par le célèbre Aven-Zoar, mé-
» decin-poète, né à Damas. On raconte qu'un jour il entra
» dans sa tente, et vit des vers où le poète exprimait le re-

» gre d'être séparé de sa famille. Yousef le fit venir secrè-
» tement à Maroc, et l'établit dans une riche maison où il
» envoya son médecin comme à une visite de malade. »

(*Ibid.*, vol. I, p. 164-181.)

Dans l'histoire de Matthew Paris, on peut lire une relation très-remarquable qui prouve que, dans le moment où les Anglais ont obtenu la Magna Charta, le Miramoulin de Maroc comprenait parfaitement les questions entre le roi Jean et le peuple anglais. Jean a fait offre de l'Angleterre aux musulmans, si les musulmans voulaient l'aider à soumettre le peuple, offre que le Miramoulin a repoussée avec dédain.

L'exemple de tels hommes ne sera pas perdu pour l'Afrique ; et M. Michaud, l'auteur distingué d'une histoire des Croisades et de plusieurs ouvrages remarquables sur les Arabes et sur l'Orient, a très-bien signalé le grand adoucissement dans l'opinion de l'Europe à l'égard des musulmans depuis un siècle. Mais ce n'est qu'avec le tems que les changemens nationaux ont lieu, et ce serait honteux pour les chrétiens, si l'esprit de la réformation, soulevé dans ce moment partout, était découragé par leur fanatisme et par leur injustice.

(N), page 18. « Long-tems encore onéreuse. »

« Il est possible que la colonie d'Alger nous soit long-tems
» encore onéreuse. »   (*National*, 24 mai 1833.)

Il est connu que les dépenses de l'expédition, en 1830, n'excédaient pas soixante millions de francs, et qu'on a versé dans le Trésor public de la France un butin de plus de soixante millions. Mais depuis 1830, on croit que les dépenses de la *colonie* ont excédé trente millions par an au-delà des revenus ; et que les revenus produisent quatre fois moins que sous la domination des Turcs.

www.ingramcontent.com/pod-product-compliance
Lightning Source LLC
Chambersburg PA
CBHW060553050426
42451CB00011B/1885